리 턴

송 엘

글·그림·사진

GNP BOOKS

추천의 글

　송엘 시집 「리턴」의 출간을 진심으로 축하드립니다. 송엘 시인은 워킹맘으로 일하면서 지난 2년간 교원대 석사과정을 잘 마쳤습니다. 가정에서는 아내와 어머니로, 교회에서는 집사로 신실한 삶을 살아오신 분입니다. 그 많은 일들을 감당하면서 언제 이 많은 시를 썼을까 놀라울 뿐입니다. 평소에 신반포교회 '영혼의 샘터'에 시를 연재해서, 늘 음미하며 감동을 받았지만, 이럴 줄은 정말 몰랐습니다. 한마디로 말해서 원더우먼입니다.

　송엘의 시를 한 편 한 편 읽으면서 마치 한 땀 한 땀 정성스레 수를 놓은 것 같은 느낌을 받았습니다. 한 구절 한 구절마다 배어 있는 사랑이 봄 내음처럼 풋풋합니다. 하나님에 대한 사랑, 인간에 대한 사랑, 특히 가족에 대한 애틋한 사랑, 그리고 자연에 대한 사랑이 때로는 은은하게 때로는 진하게 풍기어 납니다. 예리한 관찰력과 세밀한 감수성으로 표현한 솜씨가 마치 언어의 연금술사와 같은 느낌입니다. 어떤 시는 마치 친구가 어깨를 툭 치듯 친근히 다가옵니다. 또 어떤 시는 마치 엄마가 보듬어 주듯 포근히 안아줍니다. 그리고 곳곳에서 얼굴을 내미는 고급스러운 유머는 절로 미소 짓게 합니다.

송엘은 그 이름대로 하나님을 송축하는 시인입니다. 그가 가장 소중히 여기는 하나님에 대한 신앙심이 곳곳에 흠씬 풍깁니다. 신앙인에게는 깊은 감동을 주면서 동시에 아직 신앙생활을 시작하지 않은 분들에게는 따뜻한 배려가 담긴 메시지를 전합니다. 티가 날 듯 말 듯 시구마다 진리가 번득입니다. 특히 고독한 그대에게 들려주는 시가 그러합니다.

오늘 우리네 삶이 얼마나 고달프고 분주한지 눈코 뜰 새 없이 시간이 흘러 흘러갑니다. 잠시 일상의 총총걸음을 멈추고, 송엘의 시를 한 편 한 편 음미해 보면, 어떨까 싶어 강추합니다. 아무쪼록 송엘 시집「리턴」을 통해 많은 이들이 하나님의 사랑으로, 그리고 진리로 '리턴(Return)'할 수 있기를 기원합니다.

신반포교회 담임목사 홍 문 수

1부 철을 아는 그대에게

하루	8
봄밤	9
토닥토닥	10
내일	11
돌나물	12
이별	13
벗 마중	14
눈빛	15
개나리꽃	16
덫	17
민들레	18
24시간	19
예쁜 눈동자	20
파아란 수국	21
수다	22
로즈차	23
주홍 글씨	24
여름꽃	25
호두	26
해바라기	27
징검다리	28
가을	29
상사병	30
워워	31

사랑은 두려움을 몰아낸다?	32
단골 카페	33
만년필	34
노란 은행잎	35
환상	36
예술가	37
키오스크	38
블랙홀	39
철을 잊은 그대여	40
단풍과 커피	41
콩나물국밥	42
물망초	43
나중에	44

2부 위로받고 싶은 그대에게

낮잠	46	불로장생	71
빈티지 열풍	47	푼 돈	72
깜빡깜빡	48	눈꽃	73
탱탱볼	49	소울메이트	74
꿈꾸는 아들	50	노년의 친구	75
깜놀	51	엄마의 천당	76
얍!!	52	코스모스	77
오 년째	53	우는 별	78
엄마 운동장	54	짐 자전거	79
멍뭉이 두 마리	55	레몬 스킨	81
짠순이?	56	아기 상추	82
하트 뽕뽕	57	뒤척이는 밤	83
흔들리는 아들	58	Follow me	84
이른 새벽	59	무성 엄마	85
쪼꼬미	60		
사라진 아들	61		
사랑하는 딸에게	62		
어설픈 서른	64		
미안합니다.	65		
부끄럼	66		
묵은 벗	67		
때 늦은 나들이	68		
흐미,…	69		
실크 스카프	70		

3부 고독한 그대에게

절대 고독	88	돛단배	118
Best of best	89	뺑 까시네!!	119
알몸	90	잃어버린 양	120
겨자씨 한 알	91	생명책	121
퍼뜩!!	92	바보새	122
중2병	93	소금	123
굴뚝 연기	94	연분홍 꽃	124
가죽	95	균열	125
신분	97	일곱 번째 목욕	126
외면	98	지금은 No!!	127
천국은 마치,…	99	롯의 아내	128
Freedom is not free.	100	비교 의식	130
마지막 식사	102	염도	131
조개껍데기	103	핑계	132
나이아가라	104	동전 양면	133
사랑하는 아들아 I	105	선물	134
사랑하는 아들아 II	106	나부랭이	135
사랑하는 아들아 III	107	다이아몬드	136
어둠	108	분노의 주먹	137
99%	109	오직 너만??	139
흐느낌	111	한밤중 방문자	140
그때, 마침,…	112	선봉장	142
폭우 속에	113	뚫린 천장	143
잔물결	115	스데반의 죽음	144
푸르른 날에	116	시범 케이스	146
카오스	117	감사의 글	147

1부

철을 아는 그대에게

하루

하루면
충분합니다.

지구가 자전하기에,
꽃망울을 터트리기에,
청춘남녀가 반하는 것도

깊은 절망감에
펑펑 눈물 흘리는 것도,
하루면 그럭저럭 버틸만합니다.

무너진 한숨 들어주기에,
토닥토닥 안아주기에도,

하루면 충분합니다.

지금
미루지만 않으면.

봄밤

지천이다.
봄꽃이

우울했던 눈빛에 생기가 돌고,
말라버린 심장은 설렘으로 팔딱인다.

이 눈부신 자태를
비용을 치른 이만 볼 수 있다면
얼마나 잔인한 일이겠는가?

아침에 눈 뜨면
그 자리 그대로인데

바람에 사라질까,
봄비에 사라질까,

설친다, 봄밤을

토닥토닥

아직도 선명하다.
꿈에서조차 쫓긴다.

기억하고 싶지 않은
끔찍한 실수들

수없이 되새김질하면서 갈군다.

좀 먹는 옷 마냥
야금야금 병들어 가는 영혼

연약함을 받아들이고
나 자신을 용납하자.

내일

오늘은 항상 버겁다.

달래고 다독여
겨우 떠밀어 보낸다.

깊은 어둠 속에서
부릅뜬 눈으로 기다린다.

어떤 것도
가능케 하고,
불가능하게도 하는

설렘과 두려움의 친구

네가 있어 참 좋다.

돌나물

양지 밭모퉁이
오동통 아기 손

된장, 고추장, 참기름 듬뿍
양푼 밥에 쓱싹쓱싹

멍멍이 새끼들인 양
얼굴마저 파묻고 요란하다.

잔뜩 사서 무쳐본다.
기다란 연둣빛 잎

풀떼기 냄새만 요란타.
그 맛이 아니다.
못 먹겠다.

이별

떠나는 사람

해야만 하는 일,
하고 싶은 일들로 한가득

맘마저 조급해
대충 휘리릭 흔들고
발걸음마저 총총…

사라지는 체취가 아까워
한참을 서 있는다.

돌아오는 내내
텅 빈 가슴을
움켜쥐며 흐느낀다.

떠나보내는 사람.

벗 마중

온종일 쏟아져 내리는
눈부신 하얀빛

큰 슬픔에 잠길지라도
진동하는 벚꽃 향을
차마 밀어내지 못하고
서서히 기운을 찾으리.

찬란함으로 가득 찬 세상

찰나,
하얀 눈밭으로 변해버린 천지

이별할 새도 없이 휙 가버렸다.

감당이 안 되는 그리움,
기나긴 기다림

얼마나 많은 밤을 또 지새워야 하는지…

벌써, 두렵다.

눈빛

그 눈빛에서
강렬함을 쫌만 빼주세요.

불타버리는 것보다
오래 머무는 사랑이 좋습니다.

그 눈빛에서
미움을 많이 덜어내 주세요.

자그마한 미움일망정
예리한 비수로 만신창이가 된답니다.

그 눈빛에
용서를 부디 쫌만이라도 담아주세요.

실 날같이 희미할지라도
나를 다시 일으켜 세우기 때문이지요.

개나리꽃

삽으로 푹푹 심으시고
흥얼흥얼 콧노래에 물도 넘실넘실 부었지.

돈이 전부가 아니니 목매지 마라.
부자이신 줄 알았지.
화수분처럼 창고에 쟁여 놓으신 줄 알았지.

그 별거 아닌 돈을 위해
새벽부터 밤늦게까지 땀 흘리셨어.

똘망똘망 강아지들 눈망울에서
환한 웃음 보고 싶으셨을까?

퍽퍽한 현실을
조금이나마 잊고 싶으셨을까?

꽃말이 맘에 드셨을까?

  '희망…'

덫

몇 평에 사세요?
연봉은요?
아이 등급은요?

지옥의 덫

나에게만 없는
딱 하나!

참을 수 없죠…

에덴동산 모든 실과는 허용했으나
오직 딱 하나!
금지한 선악과나무 열매를
도저히 참을 수 없었던 하와.

민들레

아무래도 꽃이 아니다.
노랑 물감만 흠뻑 뒤집어썼다.

향기도 없나 보다.
들여다보는 이가 없다.

무심한 발자국에
짓눌린 채로
외로운 밤들을 버틴다.
　　　…

어느 날 홀연히
상춘객들 위로 나른다.
얼어버린 땅에
또다시 삐죽이 움 틔우길 소망하며…

24시간

누구에게나 24시간

어느 영화에서처럼
시간을 돈으로 사고판다면…

다행히도,
나의 24시간은
내 주머니에 고스란히 담겨 있어요.

문득 이 세상을 떠나는 날
살아온 궤적의 책임자는
온전히 바로 나입니다.

예쁜 눈동자

"아빠, 조심하세요."

상냥한 음성
나도 모르게 돌아본다.

약 봉투 잔뜩 안은 채
비틀대는 노인을 부추긴다.

커피잔 들기에도 버거워
떨리는 찻잔을 불안스레 떠받친다.

아빠만 바라보며
잔뜩 긴장한 딸의 눈동자
살며시 슬픈 빛이다.

귀하다.
예쁘다.

파아란 수국

몽실몽실
매달린 솜뭉치
버거워 휘어진 가지들이 땅에 누워버렸다.

아이고, 예뻐라.
살포시 한 움큼
손가락 사이로 뚝뚝 떨어지는
무수한 꽃잎들

하늘빛 사파이어
초록빛 융단에 빛나는 보석 가루

심지도, 가꾸지도 않은 씨앗들
살랑이는 바람에도, 검붉은 흙에도
하나님의 자비로운 손길

이 모든 것을
마냥 값없이 누리게 해 주셔서 감사드립니다.

수다

새벽녘 기차역 카페
문이 벌컥 열리며
허겁지겁 얘기가 시작됩니다.

초등학교, 중학교 얘기,
친구, 가족 소식…

급박한 소식이 아니라 다행입니다.

밤새 사람 체취가 그리우셨는지
너무 얘기하고 싶어 힘드셨는지
숨도 쉬지 않고 이어집니다.

벌써 식어버린 커피 두 잔

환한 웃음소리가
깊이 팬 주름마저 삼킵니다.

로즈차

빨간 한 송이 두둥실
꽉 찬 얼음 아래
붉은빛이 주름치마처럼 흐른다.

처마 밑 여닫이문 사이로
밀려드는 찜통 열기

늦깎이 워킹맘

황토벽이 신기한지 쓸며
연신 재잘거린다.

사방이 고요하다.

어느새 구들방에 벌러덩 누워
살짝이 코까지 곤다.

햇살에 번지는 선홍빛
홀로 사색에 젖어 든다.

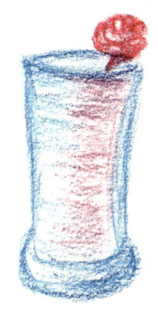

주홍 글씨

저리도 비난받으면
분명 큰 잘못이 있겠지.
뭔지는 잘 몰라도
일단 한 표 행사

꽝!!

낙인찍기는 쉬워도
취소는 불가능합니다.

깊이 파인 상처
설령 아문다 해도
미운 흉터가 계속 따라다니죠.

여름꽃

내리쬐는 뙤약볕에
초록 꽃대마저 쭉쭉 뻗어 오른다.

환호 소리,
보듬는 손길이 없어도
타오르는 진홍빛이다.

굉음의 휘몰아치는 태풍,
바짝 갈라지는 갈증,
버텨내려면
색깔이라도 독해야지.

사랑하는 딸아,
한여름 꽃처럼 피어나자.

엄마도 여름꽃.

호두

단단한 껍질 속에
탐스럽게 숨겨진
호두알을 보셨나요?

망치로 내리쳐도
여간해선 끄떡없죠.

육체로 꽁꽁 둘러싸인 영혼

꾸부정한 걸음에 숨겨진 귀한 진주

수많은 밤을
눈물로 지새운 이는
영롱한 영혼의 소유자를 바로 알아본답니다.

해바라기

그림을 사 달란다.
물감값이 없다네.

거침없이 내지른 본명

애절한 눈빛
아기처럼 울 것만 같다.

우크라이나 광활한 해바라기
기차에서 오열하던 소피아 로렌

딸 방에 예쁘게 걸어 준다.

무명 화가 잘 되길 바라며,
마냥 아기 같은 딸
실연의 아픔 없이
소중한 만남을 잘 이어가길 기도하며…

징검다리

힘껏 뛰어 본다.
발밑 세찬 물보라

밀려드는 후회로
엉금엉금 돌아와 주저앉아 버린다.

먼저 건넜던 친구
밤새워 기다리다가
먼 길을 떠나 버렸다.

적막한 섬에
덩그러니 주저앉는다.

시간이 흘러도
누군가가 번쩍 안고
건네주길 한없이 기다리고 있다.

어느새 백발 속 주름진 얼굴

아직도 겁먹은 눈동자.

가을

통창으로 쏟아지는 햇살
하얀 거품 속 보랏빛
잔뜩 머금은 푹신한 라떼.

하늘하늘 구절초는 흔적도 없이,
말라비틀어진 줄기만 있습니다.

"청춘" 노래마저 흘러나옵니다.

울컥한 이 마음을 어쩌지요?

말수가 없는 친구는
그새 상념에 빠져버렸습니다.

산란해지는 마음을 어쩌지 못해
나도 모르게 펜을 꺼내
가방 속 묵혀둔 엽서를 씁니다.

보낼 수나 있을지 모르겠습니다.

상사병

부끄러운 눈빛
바르르 떨리는 손끝
설쳐대는 잠결에
푸석푸석 다크서클까지

기다림을 접고
그냥 고백하세요.
아무것도 아니에요.

냉한 눈빛, 냉찬 목소리에
두근대던 심장이
마치 얼음물에 빠진 것 같이
굳어버리는 고통을 느끼며
한없이 혹사당한 자신이 측은해지죠.

차임의 쓴맛은 잠깐,
비로소 달콤한 잠에 빠져들겠죠.

워워

세상의 모든 색채가
사방팔방으로 흩뿌려졌다.
땅조차 시뻘겋다.

워매나,
숨 넘어 가겠네.

혹여나 무심히 차고 가나요?
치울 걱정에 심란한가요?
삶의 권태기?

일에 떠밀려
달려가기만 했던 심장을
워워~~
진정시킬 시간이군요.

조심스레 발밑을 보세요.
살포시 웃고 있는 아기단풍잎.

사랑은 두려움을 몰아낸다?

따뜻한 눈빛과
다부진 손만으로도
견뎌낼 수 있나요?

플러스, 마이너스
열심히 두들겨 봐도
역시나 마이너스

열정은 순간 증발해 버리고
냉철한 이성과 단단해진 심장뿐

사랑의 덫에 걸려들지 않았음에
휴~ 한숨을 토하겠죠.

지금
당신 사랑 테스트가 종료되었습니다.

단골 카페

보라색 데이지꽃
갈색빛 아기 등불

살며시 들이미는 따끈한 붕어빵
"처음 만들어 봤어요."

잔뜩 겁먹은 채,
결재 기다리는 신입사원

달달 팥고물 한가득
쫀득쫀득한 씹힘
"너무 맛있어요."

한숨을 토하며 웃는다.
아기 등불보다 더 밝게

카페도 점점 주인장을 닮아간다.

만년필

애장품 1호
글쓰기 응원한 남편 선물

펜촉의 예리함,
덩달아 춤추는 감성
글자에 스며드는 지성

진열장을 연일 바라보다
그저 돌아서기만 했던,
부자만 감히 멋들어지게 휘갈기던 사치품.

너무 아껴,
너무 못써,
귀한 잉크만 말라간다.

가죽장갑을 차마 못 쓰고
화장대 깊이 모셔놓은 엄마처럼.

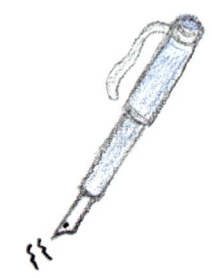

노란 은행잎

수북수북

노란 꽃밭이다.

사각사각

네 얼굴도,
내 얼굴도 노랗다.

살짝 꺼낸 아픔이
빛바랜 누런빛이다.

붉다 지친 하늘마저
몽땅 황금빛으로 주위를 머문다.

환상

오랜 세월 궁금했던 사람

찾지 않았어도 될 만큼,
만나지 않았어도 될 만큼,
딱 그 만큼만의 마음인 것을

각 맞춰 빨래 개느라 여념 없는
등 굽은 그이가 짠하고 고맙다면…

진짜로 철이 든 것입니다.

지금을 귀하게 여긴다면…

이 어려운 것을 깨닫다니!!

예술가

형형색색
꽃 천지다.

빨강꽃, 노랑꽃,…

어라?
꽃이 아니었네!

겹겹이 물든 단풍

푸른 하늘을 뚫고
거침없이 직진한 햇살
완성해 가는 끝없는 유화

거친 붓 터치,
부드러운 빛 번짐

햇볕은 최고의 조력자,
하나님은 천상의 예술가.

키오스크

한참을 서 있다.
미동도 없다.

살며시 다가간다.
불안스레 헤매는 눈.

"도와드릴까요?"

마치 천사를 보신 듯
수줍게 속삭이신다.
"쌀국수"

다행히도,
메뉴는 헤매지 않으셨다.

녹록한 기계가 아닐지라도 기죽지 마세요.
이미 열심히 살아오셨습니다.

블랙홀

들어간다.
단풍이 흐드러진 터널로

자식 자랑 한창인 어르신,
부끄러이 걷는 연인,
박장대소 처자들

질끈 맨 운동화에 생수 한 병
만보계를 연신 보다가도
어느새 찍은 사진 보내느라 분주한 너

단풍 숲속으로 모두가 빨려 들어간다.

사랑이 사라져 버린다면
은하의 블랙홀보다 더 두려우리.

철을 잊은 그대여

11월 막바지,
어리둥절해요.

계절의 시계가 고장 났어요.

개나리가 피고
철쭉조차 덩달아 삐죽해요.

새순이 두툼해진 목련
설마,
하얀 솜뭉치처럼 소복이 터질까요?

통째로
봄이 또 오려나 봐요.

봄이 두 번?

아무리 그래도
내년 봄에 오는 것을 잊어버리면 안 돼요!!

단풍과 커피

각양각색 유화가 산산이 흩뿌려져
매일 새롭게
산이 통째로 놀랍게 변하는 것을 봤니?

눈길이 조금만 머물러도 알 텐데…

엄동설한에
모락모락 커피 한 잔처럼
저 깊은 영혼을 포근하게 녹여주시는 주님

믿음으로 조금만 기다리면 느낄 수 있을 텐데…

콩나물국밥

청양고추 한 스푼
새우젓 한 스푼
들깻가루 듬뿍

뚝배기 안에서 보글보글
큼직한 깍두기
입 안에서 아삭아삭
착한 가격에 한 그릇 뚝딱

밀린 일에 끼니도 잊어버리다가
문득 힘에 부쳐
식당 한구석에서 늦은 밥을 드신 아빠.

뜨끈한 콩나물국밥으로
그나마 하루를 버티셨다.

물망초

깡마른 손을 감싸고
가냘픈 숨소리를 다독입니다.

이별의 순간

살며시 눈을 감습니다.
고인 눈물을 닦아 줍니다.

모든 것을 내려놓고
이 세상을 떠나갑니다.

또 다른 세상,
영원한 안식처
하나님 나라로 들어갑니다.

저를 기억하시고 기다리고 계시겠죠.
먼 훗날, 제가 당신을 꼭 찾겠습니다.

나중에

"나중에 차 한 잔 마시자."

그냥 보내기에는
뭔가 섭섭해
말이라도 보태본 거죠?

두 손 따뜻하게 잡고
오래 흔들어 주세요.

설령, 기억하고 기다린대도
그 친구는 잊어버릴 거예요.

나중은 영영 안 올 수도 있어요.

2부

위로받고 싶은 그대에게

낮잠

노곤함에
잠시 눈을 붙였다.

뒤척이다 흠칫!!

바짝 붙어
새근새근 자는 딸
어릴 적 얼굴 그대로다.
살며시 안아준다.

어엿한 아가씨여도
엄마 품이
아직도 그리운가 보다.

빈티지 열풍

낡은 사진관, 연탄불
핑크 소시지, 양은 도시락

그때를 살아 본 엄마가
신기하고 부럽대요.
낭만과 순수 시대라나요.

치열과 궁핍의 시간
다시 마주하고 싶지 않은 순간들

사랑하는 딸아,
그냥 호기심으로만 다녀오렴.

너무 깊숙이는 들여다보지 말고…

깜빡깜빡

고장 난 신호등이다.
빨간빛, 주황빛, 빨간빛,…

가스 불 끄고 나왔나??
종일 불안하다.
수십 번 찾아대는 핸드폰
냉장고까지 열어볼 줄이야.

먼 훗날
꼭 잡힌 손 내빼며
물끄러미 바라만 보다가
휑하니 벽으로 돌아눕진 않겠죠?

눈물로 돌아선 딸과 아들
배웅치도 않고…

탱탱볼

"엄만 왜 이리 주름도 많고 늙었어?"

장난스레 웃는 딸,
볼을 살짝 꼬집어 준다.
손가락이 튕겨 나온다.

탱탱한 눈빛,
탱탱한 꿈들,
이리저리 튀는 공

해 줄 수 있는 건
오직 기도밖에 없구나.

네 인생 끝나는 날까지
하나님의 은혜가 영원히 함께하시길…

꿈꾸는 아들

엄마 닮아 한여름 초목처럼
무성한 머리숱
부엉새 같던 더벅머리,
마술 가위질로 제비 꼬리처럼 새초롬하다.

바질 토마토가 엉킨 마리게리타
게 눈 감추듯 없다.
너와 함께하는 이 호사도 점점 힘들겠지.

떡 벌어진 어깨 스치기만 해도 아픈
세렝게티를 꿈꾸는 무서운 중딩,
안경 너머로 반짝이는 눈동자

하나님 아버지,
사랑하는 우리 아들과
세상 끝나는 날까지 동행하시고
거친 세상을 헤쳐갈 용기와 인내를 주소서.

깜놀

경이롭기조차 하다.

세밀한 인색함,
치밀한 손익 계산
비교하며 갈구고
열등의식으로 뭉갠다.

나 자신에게
여유와 긍휼함이 한 조각이라도 있을까?

나조차도 사랑치 못하면서
어떻게 이웃을 내 몸과 같이 사랑할 수 있을까?

얍!!

엄마!!!
책상 위로 올라간 아들
산만한 등치에 꽉 찬 방

"버, 벌,…"

얍!! 빗자루 한방에 상황 끝이다.

"와~ 엄만 안 무서워?"
"뭐가 무서워?"

정말로 무서운 건,
징그러운 벌레나 더러운 똥이 아니라,
해마다 오르는 학원비와 전셋값이지.

산 넘어 산인 인생,
기도 말고 무엇을 할 수 있단 말인가?

아들 삶에 주님의 선함과 인자하심이 영원하소서.

오 년째

똥 싸는 선인장,
밤새 쳇바퀴 돌리며 싸질러 놓은 똥
떠지지도 않는 눈을 비비며 치운다.

아낀 용돈으로 쟁인
웰빙 사료와 영양식

오랜 주인 알아보지도 못하는
미련곰탱이 고슴도치,
바짝 선 털 쓰다듬는 딸

지 새끼들 키울 때는
얼마나 정성이랴 싶어 벌써 짠하다.

엄마 운동장

철봉에 대롱대롱
엉덩이 쿵쾅 시소
하얀 눈밭에 뒹굴뒹굴
눈 사진도 찍고

아이들 옆에 누워
눈을 한 움큼 먹는다.
그때 그 시절처럼

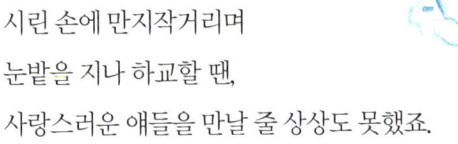

시린 손에 만지작거리며
눈밭을 지나 하교할 땐,
사랑스러운 애들을 만날 줄 상상도 못했죠.

소복이 눈 쌓인 운동장
엉켜진 애들 발자국으로 가득하다.

멍뭉이 두 마리

멘붕이래
공부 안 한 것만 나왔대.

멍뭉이들 같이 망했는지,
한 놈은 소파에, 한 놈은 방바닥에,
널브러져 한숨투성이

오잉? 오데로 갔나?
치킨 한 마리 순삭
뭐라도 먹으니 다행.

너희 가치는 한낱 점수가 아니라,
예수님의 피로 사신
온 천하보다 귀한 영혼들이란다.

사랑하는 애들아,
오랜 세월 후 뒤돌아보면
버거웠던 이 시간도 정겹게 느껴질 거야.

짠순이?

이월 초특가 세일
시선 강탈!!
디자인, 색상은 제멋대로여도
가격만 착하면 그냥 오케이

몇만 원이라도 아꼈다 싶어
궁상스러움은 사라지고
마음이 왠지 꽉꽉 차올라
발걸음도 솜털 같다.
애들 좋아하는 치킨도 사고.

어라?
비슷한 옷들이 있었네?

에휴, 쯧쯧,…
괜한 뻘짓에 기분만 냈다.

하트 뿅뿅

저 멀리
재잘거리던 딸,
요란히 흔드는 하트에
못 본 척 지나간다.

영상 통화하던 아들
방정맞게 흔드는 하트에
휙 도망가 버린다.

나도 모르게
하트 팔이 하늘까지 뻗는구나.
웃음 폭탄이 팡팡 터지는 걸 어쩌겠니.

맘이 창피하지 않게 참아 볼게, 헤헤~

흔들리는 아들

등급에 흔들린다.

불안한 눈빛
방황하는 상념들

명문대학 못 가도 괜찮아.
대기업 취업 못 해도 괜찮아.

다 괜찮아.
그럼, 그럼.

사랑하는 아들아,
기나긴 네 인생 끝나는 날까지
동행하시는 주님의 은혜와 역사를
인내로 기대하고 소망하렴.

이른 새벽

새벽 두 시까지 끄적이더니
어느새 웅크려 꼬부라졌다.
불빛만 홀로 환하다.
에고, 잠이라도 편히 자렴.

어라? 고3 딸이 웃는다.
놀이공원 갔나?
초밥 먹고 있니?

너 없는 삶은 상상 불가다.
네가 웃으면 엄마도 기쁘고,
네가 슬프면 엄마도 덩달아 운단다.

조금만 버티자꾸나.
서늘한 가을 오면 금방 끝난다.

쪼꼬미

가녀린 손마디
230 운동화마저 헐렁

배부른 배낭 좁은 어깨 짓누르고,
뱅뱅 도는 롱패딩에 끌려간다.
작은 애가 더 자그마해진다.

쌓이는 공부로
새벽에 나가서 깊은 밤에야 돌아온다.

별빛 아래 오가는 딸아,

반짝이는 햇살 아래
살랑이는 원피스로 잔뜩 뽐내고
브런치에 수다스러운 날이 어서 오기를…

사라진 아들

억지웃음을 짓고
보안 검색대 뒤로 사라진다.

어린 뒷모습에 경직된 어깨

이십 년 아침저녁으로 봤던 아들

참았던 울음이 터졌다.
내 몸 일부가 없어졌다.
보고 싶은 마음을 어쩌지 못해 밤새 울먹인다.
엄습하는 불안에 숨쉬기도 버겁다.

이젠 머나먼 타국에서 내 아들이 아니라
하나님의 온전한 아들이 되었사오니,
머리부터 발끝까지 눈동자처럼 지키시고
선한 만남들로만 가득하게 하소서.

사랑하는 딸에게

넋이 빠질 만큼 바쁠지라도,
멋진 카페가 보이면 잠시 들려
멍때리는 자신을 마주하렴.

돈이 아무리 쪼들려도
머릿결과 피부를 잘 가꾸렴.
거울 속 네가 불쌍하지 않게,
애가 엄마를 애처로이 보지 않게,

벚꽃 피는 날에는
하늘거리는 스카프로 멋도 내고,

일상에 퍼져있는
하나님의 경이로운 섭리를
예민하게 느끼고 감사하렴.
네 삶과 주변을 지켜 주심에,
매일 붉게 떠오르게 하는 태양,
예쁘게 물들어 가는 단풍을

누구나 실수하고 후회한단다.
인생은 모두가 1회차뿐이고
부족한 인간이기 때문이란다.

너도 언젠가는
처음으로 엄마가 되겠지
겁먹지 말고 최선을 다하면,
아들, 딸이 애쓰는 네 마음을 느낀단다.
사랑의 말을 아끼지 말고 매일 하렴.
안아주고 등도 토닥거리면서,
표현할수록 닳아 없어지는 게 아니라
사용한 만큼 차고 흘러넘친단다.

어떤 험난한 고난이 닥쳐오더라도
하나님 나라의 소망을 잃지 말고
지키시고 인도하시는 하나님의 손길을
항상 마음 판에 새기렴.

엄마의 삶을 바친 소중한 딸아,
사랑과 감사와 행복이
네 가족과 이웃과 동료를 넘어
멀리멀리 전염되는 삶이 되길 기도한다.

어설픈 서른

섬진강 떠나온 날
포플러 사이 몌 감던 강은 조용했고,
덜컹거리는 길들은 신나 보였는데,
아빠는 뭔가 잔뜩 화난 것 같았어.

똘망똘망 어린 새끼들
일가친척 없는 타향살이
너무도 어설펐던 서른의 청년들

아빠는 무쇠처럼 강하고,
엄마는 흙처럼 부드러웠어.
밟아도, 밟아도
다시 자라는 잡초처럼 끈질기셨지.

대문 열고 들어서니 함박 웃음꽃
등 굽은 자그만 노인들.

미안합니다.

삼 년 최전방 군대 생활
초코파이 한번 못 보냈습니다.

여친 돈가스 사주라고
몇만 원 용돈도 못 줬습니다.

여행도 하고, 사진도 찍느라
넋 놓고 살았습니다.

나 자신을 사랑할 줄을 몰랐습니다.
동생을 사랑할 줄도 몰랐습니다.

누나가 미안합니다.

사랑하는 방법을 몰랐습니다.

부끄럼

저 복도 끝에
낯익은 울 아빠
엉성한 양복에 검붉은 얼굴

혹 친구들이 알까 봐
재빨리 화장실로 숨었습니다.

연신 공손히 인사드리고 가는 아빠

그냥 창피했습니다.
딸내미 마음을 이미 아셨습니다.
한 번도 입 밖에 내지 않으셨습니다.

아빠는
새벽부터 밤까지
숨이 차도록 일만 하셨습니다.

우리 아빠…
고맙습니다.
감사합니다.

묵은 벗

하굣길 서로 바래다주느라
저녁 끼니도 잊었지.

호기심 가득한 세상
멋진 꿈을 설계하면서,
문학, 사회, 예술을 그리 논하고도
또 쌓여있던 보따리

장독대 숙성된
된장 같은 벗이여

지금도 그 시절 마냥
보따리를 풀어 놓느라
집에 들여보내지 못하고 있구나.

때 늦은 나들이

절뚝절뚝
부지깽이처럼 말라버려
헐렁한 옷마저 한 줌 바람

퀭한 눈에 힘껏 웃으셔도
온통 일그러진 입술,
소리 없는 울음

푸르른 아기 단풍잎 속으로
넘어질 듯 말 듯 한사코 가신다.

행복한 동화책처럼 오손도손
초목 속에 머물고 싶으신 게야.

정신없었던 젊었던 시절 마냥,
시간을 잊어버리고 싶으신 게야.

흐미,…

"엄마, 왔어.~~"

기브스에 매달린 검은 팔뚝
모처럼 허리 편 얼룩진 앞치마
한 송이 수국 같은 웃음

이것저것 담는 핏줄 튀어나온 손
잔뜩 배부른 검은 봉다리
연하다 못해 뭉개진 아기 상추

흐미,…
이 무거운 걸 어케 들고 가노?

오, 하나님
엄마 사랑의 끝은 어딘가요?
깊은 우물에서 퍼내고 또 퍼내도
눈 감는 날까지 멈추지 않을 샘물.

실크 스카프

"비싼 건데 조심히 좀 쓰시지"

스카프가 너덜너덜하다.
거칠게 터버린 뼈마디 굵은
상머슴 손.

가만히 보니,
고왔던 얼굴도
새벽 칼바람에 살얼음 낀 빛
핏빛이 검은빛이었던가…

딸내미 잔소리는
봄바람에 실려 보내버리는지
복사꽃 미소를 머금은 채
손만 분주하다.
워킹 맘 딸 밑반찬 챙기느라

불로장생

현관 앞에 떡 버틴 십오 킬로 상자
"택배 아저씨 죄송합니다."

울 엄마 삐뚤빼뚤 매직펜 글씨

특허명은 짬뽕 엑기스
배, 대추, 생강, 도라지, 검정콩 세물팍, 챕쌀나무, 감초
엄나무, 우엉, 인진쑥, 꾸지뽕나무, 오메가스리, 녹각, 느릅
나무.

우매나, 이 많은 걸 섞다니
허준 선생도 울고 갈 처방이네.

미어터지는 냉장고
먹어도, 먹어도 그대로

엄마 사랑이 그대로.

푼 돈

절친 아저씨가 보증금 떼어먹고
간밤에 도망갔대, 야반도주
동전까지 모은 새끼들 학자금

울화병에
세상 정나미가 떨어지신 듯

아빠 아버지가 되어
우는 어깨 꽉 안아주고
울퉁불퉁한 손에 흔쾌히 주고 싶다.

그깟 오백만 원이 뭐라고
몸 상하지 말거라.

애들 소고기라도 구워줘라.
꼬깃꼬깃 만 원짜리 몇 장도.

눈꽃

눈이 싫었습니다.
종일 눈비에 젖은 울 아빠
동상은 연례행사.

질퍽질퍽,….

애들 꼬막손 잡고 오른 향적봉
성난 바람에 사시나무 떨듯
파란 하늘로 흩날려 가는 눈꽃
부서지는 새하얀 보석 가루
하얀 터널 깜짝 환호성

눈이 이리도 찬란했었나요?
아빠도 눈꽃이 너무 예쁘죠?

소울메이트

냉정한 한마디 말에
짙은 속눈썹 아래 금세 고인 눈물

가녀린 몸에
어떻게 연년생 아들을 키워내고

아프신 부모님 곁을
동구 밖 아름드리 느티나무처럼
오랜 시간 지켜왔는지…

힘겨운 인생길에서
선물로 주신 영혼의 친구,

사랑하는 내 동생

노년의 친구

"피 같은 돈으로 쓰잘때기 없이!!
새끼들 키우는 게 을매나 힘든데!!"
퉁새기만 잔뜩.
흥이 숨은 궁시렁에
어깨뽕 빵빵한 자식들

텅 빈 둥지에서
부려 먹기만 했던
몸뚱아리를 맡긴다.

열일하는 안마의자

그새 코 고는 소리
주름투성이 얼굴에 나지막이 읊조린다.

엄마 영혼을 불쌍히 여기사
걱정과 불안에 가득 찬 맘을
주님이 주시는 평안과 위로로 바꿔주소서.

엄마의 천당

"엄마는 신경 끄고 너나 잘 믿어.
나 죽으면 열두 대문이 활짝 열려 있단다.
착한 일을 많이 해서 천당 간대."

"천당? 누가 주인인데?
 누가 대문을 열어주는데?"

"아, 몰라. 그냥 엄마는 천당 가. 착한 일을 많이 해서"

꼬치꼬치 캐묻는 게 마땅찮다.
나불나불 딸이
마냥 귀찮으신가 보다.

몸에 좋다는 서리태 콩조림
애꿎은 주걱으로 탕탕!!
예수쟁이 딸 비위에 안 맞아도
그래도 꾹꾹 눌러 쟁이신다.
깨소금도 솔솔 뿌려가며

코스모스

고운 빛깔
우아한 향기

시샘이 올라 윙윙
종일 흔들어 대는 통에
질끈 부러질 것만 같다.

아버지께 대꾸 한마디 못 하고
귀퉁이서 들썩이던 엄마
가녀린 어깨 사이로 비친 눈물

줄기를 가만히 받치고
흐트러진 꽃잎을 가지런히 펴 준다.

잘 버티렴.
쓰담쓰담.

우는 별

팔십 평생 일만 했다.
일 빼곤 할 줄 아는 게 없다.
삐죽대는 눈물을 훔치며
무더기 쪽파를 벗기고
쌓인 마늘껍질을 깐다.

손톱은 습관처럼 빠져있고
백발마저 몇 올 없다.
눈앞도 침침한 깡마른 검붉은 노예.

끼니에 옷 몇 가지면 족하고
자식들 별일 없으면 그만이신 분.

새끼들 힘든 소식에
방문 안 뒤척이며 우는 소리
어둠 속 은하수도 흘러내린다.

짐 자전거

하늘이 뚫렸다.
속절없이 쌓이는 눈 더미

커다란 짐 자전거
쌓고 또 쌓은 짐.

시퍼런 빙판길
칼날 섬광처럼 오싹하다.

뒤집힌 자전거
저 멀리 흩어져 버린 짐들
검푸르댕댕 핏빛
울음 머금은 얼굴

기나긴 밤
끙끙 앓는 소리
할퀴는 바람 소리에
문풍지마저 앓고 있다.

오, 주님
말라빠진 황소 같은
아빠 영혼을 부디 불쌍히 여겨주소서.

어느 따스한 봄날
개울가 살얼음 녹듯
곤한 영혼 보듬어주셔서
생명의 주를 보게 하소서.

커다란 짐 속에 묻힌 아빠
오늘도 어둠이 질 때까지 달린다.

"썩을 양식을 위하여 일하지 말고
영생하도록 있는 양식을 위하여 일하라."

레몬 스킨

냉장고 한가득 레몬 스킨
나란히, 나란히
기미에 좋다며 직접 제조했다네요.

화장대 앞에서 힘껏 문지르는
팔순 앞둔 노인네

나이를 어디로 다 먹었는지
살아온 세월이 허망하고
주름투성이에 화가 난답니다.

엄마…
화내셔도 좋으니, 건강만 하세요.

살며시 올려놓은 장미 한 송이

아기 상추

연노란 상추를 듬뿍,
덤으로 더 주시고,
파릇한 쑥갓도 얹어주신다.

자식들이 성화지만,
직접 키운 것으로 돈 버니,
새끼들에게 짐도 안 되고 좋답니다.
천 원으로 불룩한 시커먼 전대
만 원짜리도 간혹 보인다.

잠시 휴대폰을 눌렀다.

" 왜, 딸, 무슨 일 있어?"
"아니, 그냥 목소리 듣고 싶어서"
"싱겁기는, 위험하니 어서 집에 들어가라."

에고…
지금은 해도 중천인 오후 5시입니다.

뒤척이는 밤

애가 셋이나 올망졸망한데
직장을 잠시 쉬고 있다네요.

잘 지내고 있는지
차마 물어볼 수도 없고
그냥 아무 일 없이
시간이 흘러가기만 기도합니다.

피는 물보다 진한가요?
핏줄이 동아줄처럼 이어져 있나요?
고통이 전염되어 오는 것 같습니다.

가슴이 아립니다.
불안스레 뛰는 심장으로
언제쯤 잠이 들려나 모르겠습니다.

Follow me

센트럴 시티가
미로처럼 복잡한가 보다.

바리바리 싸맨 짐에
휘둥그레 눈동자가 왕방울

"어디가 어딘지 당체 모르겠네.
어이, 3호선은 어데로 가야 혀?"

퉁명스러운 말투는
미안한 눈빛을 타고
주름진 눈 끝에서 애원하신다.

눈 감고도 가는 길
내 집처럼 앞장선다.

착하신 그 누군가에게
길눈 어두운
울 엄마도 잘 부탁드립니다.

무성 엄마

엄마…
가슴이 먹먹하다.
애달픈 부름에 왜 눈물이 날까?

수많은 남정네 틈에서
귀신 들린 딸을 고쳐 달라며
예수님께 큰 소리로 매달렸던
애처로운 가나안 여인은 엄마다.

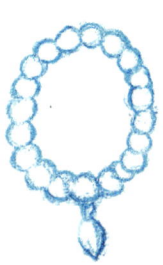

엄마는 여성도 남성도 아닌,
그냥 엄마 성이다.
새끼들 손끝이라도 상할까 봐
험한 바람 온몸으로 맞선 기운 쎈 마징가 제트
엄마 등은 온통 구부러진 통증뿐
날개 없는 눈물과 고통의 천사

새벽부터 일에 치인 엄마
검게 패인 목에 걸려보지도 못한 진주 목걸이
오늘도 휑한 집에서 홀로 덩그렁하다.

3부

고독한 그대에게

절대 고독

외롭습니다.

어제도
오늘도

태어날 때부터
지금까지…

여전히 쭉 그러겠죠.
두 눈 감는 날까지

육체는 기름진 것으로 풍족하고,
정신은 자유로운 사상으로 넘쳐나지만,

깊숙한 저 밑 영혼은
휑하니 뚫려 있기 때문이지요.

오롯이
나를 만드신
하나님 사랑으로만
그 영혼의 텅 빈 곳을 채울 수 있답니다.

Best of best

기적은
딸 아들이
눈코입 제대로 달고 태어난 것

엄청난 기적은
창세 전에 우리를 택하시고
하나님 자녀로 부르신 것

어마어마한 기적은
하나님의 외아들 예수가
육신이 되어 이 세상에서 사신 것

임마누엘,
하나님이 우리와 함께 계시다.

알몸

이 세상에 알몸으로 왔습니다.

내 소유 건물,
금고 속 고이 쌓인 골드바,
플렉스로 모셔놓은 명품들.

축 늘어진 손에는
그 어느 것도 움켜쥐지 못한 채,

불현듯,
누구나 이 지구를 떠나야 합니다.

크고 흰 보좌 앞 심판대 앞으로

내 모든 행위를 마주하며,
내 이름이 생명책에 기록되었는지,
하나님과 그 천사들 앞에서
예수님이 나를 시인하시는지,
잠자코 기다려야 합니다.

공의의 하나님,
그 어린 양 예수여 영원히 찬송 받으소서.

겨자씨 한 알

성경은 신화인가?
하나님은 허구인가?

겨자씨 한 알만한
믿음조차 없구나.

하나님 은혜를
알지도,
맛보지도 못한 자여

말라비틀어진 심장이여

성령님이
촉촉한 봄비처럼 임해주시길…

퍼뜩!!

자리 털고 일어나자
사랑하는 아들아,

나를 만드신
여호와 하나님께로

내 죄를 대신해
십자가에 피 흘리신 예수님께로

나를 위해
말할 수 없는 탄식으로 간구하시는
성령님께로

밤도 이미 깊었으니
퍼뜩 돌아가자!!

은혜의 문,
구원의 문,
영원히 닫히기 전에.

중2병

주님은
정복자도,
압제자도 아닙니다.
구걸하는 분은 더욱 아닙니다.

온 우주와 역사의 창조주가
나를 너무나 사랑하셔서
굳게 닫힌 문이 열릴 때까지 기다리십니다.

꼭꼭 닫혀있는 중2병 아들
방문을 묵묵히 기다리는 엄마처럼…

스스로 결단해
마음의 문을 활짝 열고
삶의 온전한 주인으로 모시며
납작 엎드릴 때까지 내내 기다리십니다.

하나님의 자녀로
신분을 회복시켜 주시고,
약속하신 신령한 복을 풍성히 주시기 위해.

굴뚝 연기

종일 뿜어져 나온다.

청명한 하늘이 온통 희뿌옇다.

더러운 것들이
끊임없이 흘러나온다.

선은 하나도 없고
죄악으로만 가득한
저를 불쌍히 여겨주소서.

주님 십자가 보혈로
먹물 같은 검은 죄를,
진홍빛 같은 붉은 죄를,
흰 눈처럼 깨끗하게 해 주소서.

가죽

나는 키가 작습니다.
5센티미터만 더 컸더라면
딱 완벽한데요.

새하얀 피부에 짙은 속눈썹
갸름한 얼굴
청초하게 좋을 텐데

넙대대한 얼굴에
뭉툭한 코
퉁퉁 부은 눈두덩이는
사납다 못해
영락없는 쌍놈의 여식입니다.

"사랑"의 "사"자도 모르고
외롭게 혼자 살다 갈 것 같습니다.

나를 만드실 때 깜빡 조셨나요?

사랑하는 딸아
외모는 그냥 썩어 없어질 가죽이란다.

사막의 오아시스처럼
가죽에 겹겹이 둘러싸인
영혼의 아름다움을 들여다보거라.

못난이로 가득 찬 철옹성을
질그릇처럼 깨부수고 나오너라.

번데기에서
나비가 날아오르듯이.

신분

태양도 빛을 잃고,
칠흑 같은 어둠이 임했다.

온 인류의 죄를 뒤집어쓰고,
죄악의 희생제물이 되셨다.

하나님의 징계를 홀로 담당하며,
마지막 피 한 방울마저 쏟으셨다.

"다 이루었도다."

창세 전부터 쭉 계셨던 분,
만유의 처음과 끝인 분,
천사장 나팔 소리와 구름을 타고
이 세상에 다시 오실 분.

"우리는 다 양 같아서 그릇 행하여 각기 제 길로 갔거늘,
여호와께서는 우리 모두의 죄악을 그에게 담당시키셨도다."

외면

교만한 눈빛
탐욕의 몸짓

저 멀리 아득히 계십니다.

얼굴을 가리시고
돌아보지 않으시며
듣지도 않으십니다.

낮고 낮은 마음으로
두 손 들고
하나님을 간절히 찾습니다.

비로소,
내 옆에, 내 안에 계십니다.

암탉이 병아리 새끼를 품듯이.

천국은 마치,…

호숫가에 배를 띄워 말씀하신다.

귀를 쫑긋한 수많은 무리

천국은 마치
밭에 감춰진 보화 같아서
자기의 소유를 모두 팔아 그 밭을 사느니라.

천국은 마치
바다에 치고 각종 물고기를 모은 그물과 같아
좋은 것은 그릇에 담고 못된 것은 버리느니라.

왜 비유로만 말씀하십니까?
너무나도 어렵습니다.

보아도 보지 못하고,
들어도 듣지 못하고,
깨닫지 못하게 함이니라.

Freedom is not free.

탐내지 말라
미워하지 말라
온통 하지 말라는 것뿐.

감사하라
용서하라
온통 하라는 것들만.

밤이 깊어 가도
잔뜩 하고 싶은 것들뿐.

그새 달음질쳐 온 새벽
내 발에 족쇄를 채우시고
새벽이슬 머금은
발자국까지 추적하시네.

하늘과 땅 어느 곳에나 계시네.
숨통마저 조이시네.

예수 십자가 죽음과 부활.

진리를 알지니
진리가 너희를 자유케 하리라.

쏟아지는 햇살에 두 팔을 벌리네.
하늘을 향해 맘껏 소리치네.

내 영혼의 자유

혼돈에서의 자유
죽음에서의 자유
심판에서의 자유

나의 하나님이 되시고
나를 하나님 자녀로 삼으소서.

마지막 식사

가득 찬 먼지
어슴푸레한 다락방
떡과 포도주를
열두 제자에게 나눠주신다.

"이 떡은 너희를 위한 내 몸이니라.
이 포도주는 너희를 위한 내 피니라."

오, 주님
십자가에 달리사
온몸이 찢기시고
온전히 쏟으신 피를 말씀하셨나요?

이 세상에 다시 오시는
그날까지 기념하게 하소서.

죄인들을 위해
속죄의 제물로 온전히 드리신
주님의 살과 피를.

조개껍데기

돈이 일하는 투자
배부른 통장
이른 은퇴

꿈같은 꿈으로
석양에 물든 바닷가를 거닌다.

고운 모래 속
진귀한 조개껍데기
정성껏 수집도 하고

존 파이퍼의
절규에 젖은 심장

아,…
이 얼마나 비극인가!

하나님 앞에서
조개껍데기를 자랑할 것인가?

다가올 하나님 나라의
영원한 상급을 사모하라.

나이아가라

귀청이 먹먹하다.
웅장한 폭포 소리

물안개에 핀 쌍무지개

이 세상을 다시는 홍수로
심판하지 않겠다는 하나님의 증표.

엄청난 이 물은 어디서부터 흘러와
창세부터 지금까지
이리도 쉬지 않고 내리꽂을까?

은하계 먼지에 불과한
이 지구 위에 쏟으신 주님의 일방적인 사랑

측량할 수 없는 자연의 운행 섭리에
어떻게 창조주 하나님을 모른 척할까?

사랑하는 아들아 I

네 모든 죄를 대신 짊어지시고
십자가에 달리신 예수 그리스도를
네 마음 판에 생명처럼 새겨라.

하나님의 선택받은 아들로
영원한 상급을 사모하며
삶의 최고 가치로 여기라.

네 삶을 온전히 책임지시며
선하고 의로우신 길로
인도하시는 하나님의 손길을
주목하며 감사드려라.

사랑하는 아들아 II

일터에서는
성실과 정직으로 임하자.

친절과 관용으로
같이 기도해 주는
선한 이웃이 되자.

파란 하늘과 소복한 눈에 감탄하며
삶의 사소한 것들조차
하나님의 아낌없는 선물임을 기억하자.

사랑하는 아들아 III

아내를 귀한 진주처럼 대하라.
아내의 기쁨이 네 기쁨이 되고
아내의 슬픔이 네 슬픔이 되어라.

아들, 딸에게
흘러넘치는 사랑을 주라.
매일 안아주며 수다에 귀 기울여라.

어릴 때부터 말씀을 외우고,
기도로 은혜 안에 머무는 걸 연습시켜라.

삶을 헤쳐갈 수 있도록
기도로 응원하며,
묵묵히 아이 곁을 지켜라.

힘들어할 땐
안겨 엉엉 울 수 있는 아비 품을 주라.

어둠

인생은
한 치 앞도 모르는
칠흑 같은 어둠에 묻힌
미지의 영역입니다.

창조주 하나님 앞에서
피조물인 인간은
하루살이 인생일 뿐입니다.

믿음으로 내디딜 때
그만큼의 어둠이 사라질 뿐입니다.

어둠이 두려워
그저 우두커니 서 있다면

한 달란트 받은 종이
손해 볼까 두려워
땅에 그대로 묻어두었던 것과
다를 바가 없습니다.

ABOVE# 99%

엄마,
천국은 어떤 곳이야?

즐겁게 먹고 마시고
일도 안 하고 공평하고
아픔도, 슬픔도 없이
영원히 편안히 쉬는 곳이야?

99% 맞는 것 같기도 하고…
99% 부족한 것 같기도 하고…

천국은
창조주 하나님과
그 어린 양 예수 그리스도가
온전히 통치하시는 곳이지

하나님이
우리와 영원히 눈앞에 계시지.

시도 때도 없이
우리를 넘어뜨리려 했던
사탄과 그 추종자들이
영원한 멸망으로 사라진 곳

빛난 면류관은
오직 주님의 증거로 인해
힘써 수고했던 성도에게 주시는 곳

하나님과 예수 그리스도를
가장 귀하게 여기는 사람에게
진짜 천국인 곳이지.

흐느낌

예배당 창에 머문 햇살
쏟아지는 빛을 받으며
엎드린 낯익은 모습
들썩이는 어깨,
가냘픈 두 손 위로 흐르는 눈물

사랑하는 이들이
생명의 주님을
영접하길 간청하는 울먹임

가시로 뒤엉킨 땅에
통곡의 눈물이 거름 되어
새싹이 돋아나길…

진주보다 영롱한
새 생명의 어린 순.

그때, 마침,…

우둔한 이는
우연한 행운이라며
창조주 하나님을 애써 외면한다.

둔한 이는
물안개 핀 호숫가 저편처럼
막연하게 추측할 뿐 종종 잊어버리고 산다.

성령의 사람은
광풍의 궤적처럼 목도하고 온전히 엎드러진다.

에스더서를 보라
선택하신 백성이 간절히 간구할 때
첫 장부터 묻어나는 하나님의 섭리에
심장이 뜨거워지며 온몸에 전율을 느끼리.

폭우 속에

쏟아지는 빗속에 엎드려 있다.

니체 무신론 초인을 바랐나?
보봐르 해방의 여인을 열망했나?

태풍이 바닷속을 헤집듯
저 깊은 영혼이 뒤집힌다.

천지는 찰나 떠나가고 홀로 예수님뿐.

눈부신 광채로 눈은 멀고
떨림으로 심장은 터질 듯하다.

무릎 꿇고 땅에 엎드려 경배드린다.

전혀 상상치도 못했던
새로운 세상으로 초대되었다.

교만과 무지로 똘똘 뭉친
멸망 받을 죄인이여

"오, 주님, 어찌해야 합니까?"

"오직 예수 십자가 흘리신 피로
용서하시고 하나님 자녀로 인을 치소서."

택하신 자에게만 열린 천국 비밀들,
눈과 귀로 보고 들으며 깨닫게 하소서.

세상은 이미
여호와 하나님과
그 외아들 예수 그리스도의 흔적으로 가득했다.

잔물결

하나님의 말씀을
끊임없이 의심하고 회의하며
불안에 떠는 저를 불쌍히 여기소서

수시로 요동치는 물결이 아니라
견고한 바위와 산성처럼
흔들림 없는 평안에 거하게 하소서

믿음으로 순종하며 행동하게 하소서
앞만 보며 전진하게 하소서.

푸르른 날에

푸른빛이 넘치고 넘쳐
찬란한 쪽빛으로 흐른다.
푸른빛 드넓은 하늘 아래 나 홀로 서 있다.

외로움을 토로할 이 하나 없고
그리운 이 하나 없이 덧없기만 하다.

저 영혼의 심연,
깊은 고독과 공허감
어쩌지 못해 아기처럼 울고 있다.
바닥 모를 시커먼 구렁텅이
저 밑에서 올라오는 음산한 소리
심장을 후비는 거친 비바람

가까스로 매달린 영혼
젖은 새 마냥 바들바들 떨고 있다.
두려움에 부르짖고 있다.

나의 탄식 소리를 들으소서.
나를 지명하여 부르소서.
나를 속히 끌어 올리소서.
주님의 드넓은 휘장으로 포근히 덮어주소서.

카오스

공허
흑암
무질서

혼돈의 우주

끝없이
무한으로 뻗어가는
은하계 사이
강렬한 한 줄기 빛

하나님 사랑의 포문이 열렸다.

아버지와 아들과 성령의
완전한 합작품.

History가 시작되었다.

돛단배

암초에 부딪혀
부서져 버린 배
잡동사니 짐을 꽉 움킨 채
바닷속으로 가라앉는다.

실컷 누려봤자
아침에 피었다 지는 꽃
순간 스러져 버리는 아침 안개

아, 이젠 모두가 끝이구나.

예수님이 손 내밀어 붙잡으신다.

믿음이 작은 자여,
무엇을 먹을까, 무엇을 마실까,
무엇을 입을까 하지 말라.

주님,
부디 불쌍히 여기사 믿음을 더하여 주소서.

뻥 까시네!!

개 뻥 까네!!
말이야, 막걸리야
천국을 예수만 통해 갈 수 있다고?
사기도 적당히 쳐라.
오직 믿음으로만 천국을 간다고?
완전히 돌았군.

하나님이 창세부터 계획하시고
수많은 선지자 피 흘림을 통해 지켜온 언약의 말씀.

이천여 년 전에
십자가에 달리신 주님을 통해 다 이루셨다.

무지한 조선 땅에도,
척박한 구한말에도,
이 기쁜 소식을 전하기 위해
타국의 귀한 젊은이들이 이 땅에 와서 목숨을 내놓았다.

결코 공짜도, 싸구려도,
넋을 홀리는 사기도 아닌,
꽃 같은 그들의 피 값이다.

잃어버린 양

이방의 택한 백성
한 여인을 위해 사마리아 땅에 들려
그리스도라 선포하셨다.

잃어버린 양
한 마리를 찾기 위해
아흔아홉 마리를 들에 두고
온 계곡을 찾아다니신 주님

의인 아흔아홉 명보다
죄인 한 명의 회개에
기쁨이 더 크신 주님

한 생명을
천하보다 귀하게 여기시는
주님께 감사와 찬송을 드립니다.

생명책

주님 발 앞에
무릎을 꿇고
얼굴을 땅에 대고 간절히 구합니다.

아픈 아들을 위해
울부짖었던 아비처럼…

딸과 아들,
가족과 부모 형제들,
친구들과 이웃들을 기억해 주소서.

하나님 자녀로 인을 치시고
생명책에서 영원히 도말하지 마소서.

바보새

때를 기다린다.
잠잠히…
뒤뚱뒤뚱 바보 놀림에 핍절한 영혼
구슬피 울며 주만 앙망한다.

숨죽인 바닷가
먹구름이 몰려온다.
폭풍우가 몰아친다.
두 눈을 질끈 감고 날개를 편다.

믿음은 바라는 것들의 확신
기나긴 날개를 펴고 미지의 여정을 출발한다.
저 멀리 수평선 너머로

하나님 말씀은 나침반,
예수님 중보기도는 돛,
성령의 바람을 타고, 찬송의 물결을 따라

소금

짠맛을 잃으면
무엇으로 대신하리오.

거름에조차 쓸모없어
밖에 버려져
오가는 발걸음에 짓밟힐 뿐.

주님,
그리스도인으로 살아가게 하소서

짜디 짠맛으로
세상에서 짓밟히지 않고
회개와 구원을 계속 외치게 하소서.

연분홍 꽃

사방은 온통 연분홍빛
허기짐에 골짜기 헤매며 따먹던 꽃잎

앙상한 가지에
가냘프게 매달린 꽃망울
말라비틀어진 가죽에
두 눈만 또렷이 퀭하다.
바스락거리는 뼈다귀

죽음의 사자가 덮친 흑암의 공포
고통의 추억들을 비운다.
방울방울 사랑마저 비운다.
버거운 숨결마저 내려놓는다.

오, 주님이시여
두 눈 가득 안도의 숨결

내년에도
또 내년에도 흐드러지겠지.
연분홍빛 진달래꽃.

균열

떡 버틴 거대한 병풍
웅장함에 기세마저 눌린다.

말씀의 씨앗을 뿌리고,
기도의 눈물을 뿌린다.

거대한 바위에
실눈 같은 틈이 보인다.
거대한 바위가 부서질 때까지
눈물의 기도를 멈추지 않는다.

주여
이 영혼에 긍휼을 베풀어 주소서.

성령을 선물로 주셔서
마음을 찢으며 회개하게 하시고
새로운 피조물로 다시 태어나게 하소서.

일곱 번째 목욕

개울 같은
요단강에 목욕하라니
일곱 번씩이나
광대한 아람 땅에 씻을 곳이 없어
이 먼 이스라엘까지 왔겠는가?
건방진 선지자는 코빼기도 안 비취고

나아만 장군님,
나병을 고칠 수 있다면
큰일도 무조건 따를 터인데
하물며, 깨끗이 씻으라는 말에
순종하지 못할 이유가 있습니까?

세상에나,
살결이 어린애처럼 뽀얗다.
온 천지에 이스라엘의 여호와 하나님만이
진정 참되신 신이시로구나.

말씀 순종이
놀라운 은혜로 들어가는 최고의 열쇠인 것을…

지금은 No!!

만유에 충만하신 주님의 영광을
한껏 드러내지 못했습니다.

예수 그리스도 십자가 사랑을
충성과 성실로 전하지 못했습니다.

내 이웃에게 선한 사마리아인처럼
사랑을 힘껏 베풀지 못했습니다.

지금
저를 부르시면 안 됩니다.

받을 상이 하나도 없습니다.

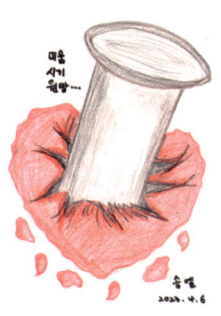

롯의 아내

소돔의 밤
끓어 넘치는 욕망
기나긴 밤을 지새우고
아침까지도 시뻘겋다.

쾌락은
하나님 자리를 대신하고,
끈적끈적 욕망으로 뒤엉킨
의인 열 명이 없는 곳

장롱 속 금괴
눈에 선한 정인들
늪에 빠지는 발처럼
끈적거린다.

순간 돌아본다.
유황불이
소나기처럼 쏟아진다.

소금기둥이 되어버린 롯의 아내.

이 세상에
좋은 게 너무 많아
천국은 까마득한 동화 나라

하나님 나라 문고리를 잡은 채
끝없이 돌아본다.

나도 여전히 롯의 아내.

오, 주님
천국 백성의 연약함을 도우셔서
무사히 입성케 하소서.

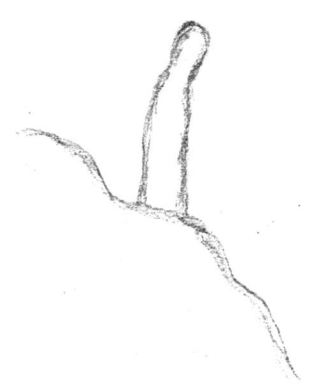

비교 의식

집이 좁고 낡아요.
소득이 남보다 적어요.

생명이
소유의 풍요로움에 있지 않거늘,

세상 문화 풍조에
흠뻑 젖은 너를 보아라.

탐심은 우상숭배이니라.

어린애 행동을 버리고
천국 백성으로서 자족하기를 연습하라.

보이지 않는 것들을 열망하라.

염도

3.5%
바닷물 염도

수많은 생물이
바다에서 자라고 생활한다.

30명 무리 안에
홀로 거할지라도
바로 그곳이
소생하며 새 생명이 태어나야 한다.

나는 몇 %짜리?

핑계

만물의 운행 법칙이
한 치의 오차도 없이
질서정연하다는 것을 알면서도…

인체의 오묘한 신비에
연신 감탄하면서도…

생각, 상상력, 양심의 가책이
매우 특별한 영역임을 알면서도…

창조주 하나님을 인정하지 않는 것은
당신 마음이 완악하기 때문입니다.

눈과 귀와 마음을 열어주시기를…

동전 양면

하나님과의 언약을
깨뜨려 버린 첫 사람 아담을
에덴동산에서 쫓아내시고,
모든 인류의 죄를 대신 뒤집어쓰신
마지막 아담 예수에게
진노와 징계를 온전히 쏟아부으셨다.

첫 사람 아담에게 약속하신 구원의 언약을
유구한 세월이 흘러도 지키셨으며
마침내 하나님의 품속의 독생자를
이 땅에 내려보내셔서
십자가에 피 흘리게 하심으로
우리에 대한 사랑을 완벽하게 증명하셨다.

공의로우시면서도
사랑이 충만하신 여호와 하나님.

선물

믿음은
하나님의 온전한 선물입니다.

믿음을 통해서만
하나님의 자녀가 됩니다.

믿음은 들음에서 나며
들음은 그리스도의 말씀입니다.

하나님 앞에서 죄인임을 자백하고
예수 그리스도의 십자가 피로
깨끗이 용서해 주시길 기도하세요.

나부랭이

당신의 미래를 묻지 마세요
귀신 나부랭이에게
과거를 좀 맞혔다고 혹해
미래를 몽땅 맡기지 마세요

만유의 주인이신 하나님께
마음 문을 열고 겸손히 나아오세요.

영벌에서 구원하실 뿐만 아니라
아비가 자녀를 돌보듯
당신의 생애를 지키시고 인도하신답니다.

세월이 흐른 후
지난 당신 삶을 돌아볼 때
늘 동행하신 주님 자취를 보게 될 겁니다.

다이아몬드

홀로 남아
무수한 우상 숭배자들과
기도의 혈전을 벌였던 엘리야.

암흑의 시대에
반짝이는 별을 넘어
휘황찬란한 다이아몬드로 우뚝 선 자

죄악이 관영하는 이때

나는 무엇을 갈망하고 있는가?
나는 무엇을 외치고 있는가?

분노의 주먹

예수 앞에 내동댕이친다.

헝클어진 머리카락 사이로
잔뜩 웅크린 여인

부르튼 맨발,
공포의 수치로 떨고 있는 찢긴 옷자락

드넓은 광장에 홀로 서 있다.

거친 돌을 쥔,
검붉은 힘줄에 튀어나온 주먹
저주의 고성 광장을 뒤흔든다.

주님 발 앞에 쓰러지는 여인
마른 땅을 흘러 적시는 눈물

"너희 중에 죄 없는 자가 먼저 돌로 치라."

이미 죗값을 죽음처럼 치르고 있는
그 여인을 불쌍히 여기시고
더 이상 붙들고 책망하지 않으셨다.

"나도 너를 정죄하지 아니하노니
가서 다시는 죄를 범하지 말라"

주님 눈동자 나를 보신다.
비틀거리는 걸음마 아이를 보듯.

날카로운 창검이 나의 폐부를 뚫고
내 치부를 백주에 낱낱이 드러내신다.

"주여, 나를 떠나소서. 나는 죄인이로소이다."

다윗의 자손 예수여
죄 중에 태어나 죄 밖에 모르는 저를
부디 불쌍히 여겨주소서.

주님의 흘리신 십자가의 피로
부디 깨끗하게 해 주소서.

오직 너만??

열 명의 문둥병자

예수님 말씀을 믿고만 가다가
깨끗이 고침을 받았다.

오직 한 이방인만
가던 길 멈추고 돌아와
예수의 발 앞에 엎드려 감사드렸다.

"모두 고침을 받았는데,
 왜 너만 돌아왔느냐?
 고침을 받은 나머지 아홉은 어디에 있느냐?"

한밤중 방문자

어둠에 잠든 밤
조그만 두드림
흰 수염 속 초조한 얼굴
반짝이는 눈동자.

하나님의 선생이신 예수여,
다시 태어난다는 것이
어머니 뱃속에 다시 들어갔다 나오나요?
이렇게 늙고 큰 몸이 어떻게 가능합니까?

사랑하는 아들아,
육체는 부모로부터 태어나지만
영으로는 성령으로 태어난단다.

목마른 사슴 시냇물을 찾듯
도저히 참을 수 없는 갈급함
잠도 잊어버린 채
말씀에 푹 빠져버린 니고데모

별빛조차 스러지는 새벽
처음 보는 찬란한 시간이다.

예수, 당신은
진정 하나님의 유일한 아들입니다.
다시 사셔야 하는 것과
당신을 통한 영원한 생명을 믿습니다.

진리는
죽음의 두려움을 몰아내고
담대함으로 솟구쳐 오른다.

세상을 맞서며
그리스도인으로 커밍아웃한다.

선봉장

모세가
아론과 훌을 의지하여
해가 질 때까지
두 손 들고 기도합니다.

여호수아는
오로지 말씀을 믿고
전투에 임합니다.

모세는
기도의 선봉장

여호수아는
행동의 선봉장

뚫린 천장

예수님 코 앞으로
떡하니!!

지붕에서 기와를 벗기고
침상을 달아 내렸다.

하늘에서 내려온 침상

빙그레 웃으시는 주님

친구들 믿음을 칭찬하시며
중풍을 고쳐주시고
죄도 용서해 주셨다.

나는 선한 친구인가?

스데반의 죽음

해같이 빛난 얼굴.
불타오르는 눈빛.

"우리가 십자가에 못 박아 죽인 예수가
바로 하나님의 아들이요, 약속하신 메시야입니다."

수많은 무리
바득바득 이를 간다.

"하늘이 열리고
우리 주 예수 그리스도가 하나님 우편에 서신 것을 보노라."

두 귀를 틀어막고
괴성을 지르며
떼를 지어 달려든다.

산처럼 쌓이는 돌멩이
돌무덤 사이로 흥건한 피.

"주여, 이 죄를 저들에게 돌리지 마옵소서."

손에 움켜쥔 돌멩이를 내던진다.

흔들리는 눈동자
맥 풀린 다리
하나둘 말없이 돌아선다.

혼돈에 빠져버린 거룩한 성
깊은 침묵에 잠긴 예루살렘.

스데반의 핏물
예루살렘을 삼켜버리고
세상 땅끝까지
지금도 요동치며 흐르고 있다.

시범 케이스

"욥이 큰 복을 받아
경배드리니 몽땅 빼앗아 보세요.
바로 하나님을 떠날 겁니다."

홀로 엎드린 욥

눈과 귀를 만드신 하나님이
의인이 고통 중에 있을 때,
보고 듣고 계십니다.

이 세상 끝 날까지
끊이지 않을 의인의 고난을 위로하셨습니다.

무지한 이치로 깨닫지 못하는 우리에게
하나님의 섭리를 설명해 주셨습니다.

감사의 글

어릴 때부터 멋진 글을 쓰는 게 자그마한 소원이었는데 이리도 많은 시간이 흐르고 나서야 비로소 소박한 시집을 내게 되었습니다. 이 작은 출발을 하기까지 많은 망설임과 불확신이 오랜 세월 동안 저를 휘감으며 떠나지 않았지만, 용기를 내게 해 주신 하나님과 주변의 많은 분에게 깊은 감사를 드립니다.

먼저, 시를 계속 쓸 용기를 준 사랑하는 아들, 시를 출판하도록 많은 힘을 준 소중한 딸과 시집을 출판하기까지 물심양면으로 도우며 큰 힘이 되어 준 남편에게 너무나도 감사합니다.

사랑하는 가족들과 부모님, 오 남매 형제들과 아끼는 주변 친구들과 지인들이 제 시적인 영감의 주요 소재로 떠올라 많은 시를 쓰게 했습니다. 또한 살아가면서 느꼈던 신비한 자연의 풍경들과 희로애락을 통한 하나님의 은혜와 섭리가 끊임없이 저에게 표현하고자 하는 역동적인 동기를 부어주었습니다.

시를 쓸 수 있는 구체적인 계기를 마련해 주신 신반포교회 영혼의 샘터에 감사드리며, 또한 그리스도인으로서 살아가야 할 길을 끊임없이 제시해 주시는 존경하는 신반포교회 홍문수 담임목사님의 넉넉하신 마음으로 써 주신 추천 글에 깊이 감사드립니다.

　시를 쓰는 내내 제목부터 소박하게 직접 그린 그림까지, 기도 안에서 성령님이 이끌어 주심을 수시로 느꼈으며, 이 시집을 통해 하나님의 영광이 온전히 드러나고, 예수 그리스도를 모르는 모든 분에게 하나님의 사랑에 대한 성실한 안내자가 되었으면 하는 간절한 마음을 담았습니다.

　다시 한번 저에게 많은 용기와 관심을 주셨던 주변의 모든 분에게 감사와 존경을 드리며, 이 시집을 통해서 저를 아시는 분들뿐만 아니라, 이 글을 읽는 모든 분에게 하나님의 놀라우신 은혜가 함께 하심으로 복된 삶이 되시길 기도드립니다.

2024년 2월 5일
박 연 옥 드림

리턴

2024년 4월 18일 초판 발행

지 은 이 | 송 엘
펴 낸 곳 | 지엔피북스
등   록 | 2010년 1월 27일 제2012-000185호
주   소 | 경기도 파주시 직지길 250, 2층
전   화 | 02) 6203-1532
팩   스 | 02) 6203-1533
웹사이트 | www.gnplink.com

펴 낸 이 | 황순신
출판·인쇄 | (주)지엔피링크

한국어 출판권 ⓒ 송 엘 (저작권자와 맺은 특약에 따라 검인을 생략합니다)

ISBN 979-11-88307-11-1

값 13,000원

> 이 도서의 국립중앙도서관 출판예정도서목록(CIP)은 서지정보유통지원시스템
> 홈페이지(http://seoji.nl.go.kr)와 국가자료공동목록시스템(http://www.nl.go.kr/kolisnet)에서
> 이용하실 수 있습니다.(CIP제어번호: CIP2019008603)

이 책은 저작권법에 따라 보호를 받는 저작물이므로 무단 전재와 복제를 금지하며, 이 책 내용의 전부, 또는 일부를 이용하려면 반드시 저작권자와 (주)지엔피링크의 서면 동의를 받아야 합니다.